AF164769

Tucholsky Wagner   Zola   Scott   Freud   Schlegel
    Turgenev   Wallace   Fonatne Sydow
        Twain   Walther von der Vogelweide   Fouqué   Friedrich II. von Preußen
                Weber   Freiligrath
                            Kant   Ernst   Frey
  Fechner   Fichte Weiße Rose von Fallersleben   Richthofen   Frommel
                                        Hölderlin
        Fehrs   Engels   Fielding   Eichendorff   Tacitus   Dumas
                Faber   Flaubert
                                    Eliasberg   Ebner Eschenbach
        Feuerbach Maximilian I. von Habsburg Fock   Zweig
                        Ewald   Eliot   Vergil
            Goethe   Elisabeth von Österreich   London
  Mendelssohn   Balzac   Shakespeare
                    Lichtenberg   Rathenau   Dostojewski   Ganghofer
            Trackl   Stevenson   Doyle   Gjellerup
    Mommsen   Tolstoi   Hambruch
            Thoma   Lenz   Hanrieder   Droste-Hülshoff
  Dach   Verne   von Arnim   Hägele   Hauff   Humboldt
            Reuter   Rousseau   Hagen   Hauptmann
        Karrillon   Garschin   Gautier
                        Defoe   Baudelaire
            Damaschke   Descartes   Hebbel
                                        Schopenhauer Hegel   Kussmaul   Herder
  Wolfram von Eschenbach   Dickens   Rilke   George
        Bronner   Darwin   Melville   Grimm Jerome
                                                              Bebel   Proust
            Campe   Horváth   Aristoteles
  Bismarck   Vigny   Barlach   Voltaire   Federer   Herodot
                Gengenbach   Heine
    Storm   Casanova   Tersteegen   Gilm   Grillparzer   Georgy
            Chamberlain Lessing   Langbein   Gryphius
  Brentano   Lafontaine
    Strachwitz Claudius   Schiller   Kralik   Iffland   Sokrates
                                Bellamy   Schilling
        Katharina II. von Rußland   Gerstäcker   Raabe   Gibbon   Tschechow
  Löns   Hesse   Hoffmann   Gogol   Wilde   Gleim   Vulpius
        Luther   Heym   Hofmannsthal   Goedicke
            Roth Heyse   Klopstock Klee Hölty   Morgenstern
    Luxemburg   Puschkin   Homer   Kleist
                La Roche   Horaz   Mörike   Musil
        Machiavelli   Kierkegaard   Kraft   Kraus
  Navarra Aurel   Musset
                        Lamprecht   Kind   Moltke
        Nestroy   Marie de France   Kirchhoff   Hugo
                                Laotse   Ipsen   Liebknecht
        Nietzsche   Nansen   Ringelnatz
                    Marx   Lassalle   Gorki   Klett   Leibniz
        von Ossietzky   May
                        vom Stein   Lawrence   Irving
        Petalozzi
            Platon   Pückler   Knigge
            Sachs   Michelangelo   Kock   Kafka
                Poe   Liebermann
            de Sade Praetorius   Mistral   Zetkin   Korolenko

Der Verlag tredition aus Hamburg veröffentlicht in der Reihe **TREDITION CLASSICS** Werke aus mehr als zwei Jahrtausenden. Diese waren zu einem Großteil vergriffen oder nur noch antiquarisch erhältlich.

Symbolfigur für **TREDITION CLASSICS** ist Johannes Gutenberg (1400 — 1468), der Erfinder des Buchdrucks mit Metalllettern und der Druckerpresse.

Mit der Buchreihe **TREDITION CLASSICS** verfolgt tredition das Ziel, tausende Klassiker der Weltliteratur verschiedener Sprachen wieder als gedruckte Bücher aufzulegen – und das weltweit!

Die Buchreihe dient zur Bewahrung der Literatur und Förderung der Kultur. Sie trägt so dazu bei, dass viele tausend Werke nicht in Vergessenheit geraten.

Das Teutsche Dichterroß

Hanns Theodor Gumppenberg

Impressum

Autor: Hanns Theodor Gumppenberg
Umschlagkonzept: toepferschumann, Berlin

Verlag: tredition GmbH, Hamburg
ISBN: 978-3-8495-3025-9
Printed in Germany

Rechtlicher Hinweis:
Alle Werke sind nach unserem besten Wissen gemeinfrei und unterliegen damit nicht mehr dem Urheberrecht.

Ziel der TREDITION CLASSICS ist es, tausende deutsch- und fremdsprachige Klassiker wieder in Buchform verfügbar zu machen. Die Werke wurden eingescannt und digitalisiert. Dadurch können etwaige Fehler nicht komplett ausgeschlossen werden. Unsere Kooperationspartner und wir von tredition versuchen, die Werke bestmöglich zu bearbeiten. Sollten Sie trotzdem einen Fehler finden, bitten wir diesen zu entschuldigen. Die Rechtschreibung der Originalausgabe wurde unverändert übernommen. Daher können sich hinsichtlich der Schreibweise Widersprüche zu der heutigen Rechtschreibung ergeben.

Text der Originalausgabe

Das Teutsche Dichterroß
in allen Gangarten vorgeritten

von

Hanns von Gumppenberg

Neunte und zehnte Auflage

Unveränderte Fassung der achten, vermehrten Auflage

München
Verlag Georg D. W. Callwey

1918

Das

Teutsche Dichterroß

in allen Gangarten vorgeritten

von

Hanns von Gumppenberg

Mit einem Titelbild von Victor Frisch

Neunte und zehnte Auflage
Unveränderte Fassung der
achten, vermehrten Auflage

München
Verlag Georg D. W. Callwey
1918

Zur fünften Auflage

>Du alte Musenmähre,
>Das hast du wohl selbst nicht gedacht
>Was hat dir Zucker und Ehre
>Dein tolles Hopsen gebracht!
>
>Ja ja, die ernsten Leute!
>Sie geizen mit ernstem Applaus:
>Doch lachen das Gestern und Heute
>Immer mit Freuden sie aus.
>
>Viel' Seelen lassen sich drucken,
>Nicht viele munden der Welt,
>Das Pathos muß sich ducken –
>Aber der Spaß gefällt.

An den Pegasus

Hervor aus deines Goldstalls Rosenduft –
Ein Reiter ruft!

Nur nicht gebäumt! Ich will dich nimmer zwingen
Zu neuen Dingen.

Ein Roß wie du so fügsam und geduldig
Ist nichts mehr schuldig.

Ich will, was du gelernt von Kavalieren,
Nur repetieren,

Durch aller Dichterhimmel Herrlichkeiten
Die Schule reiten!

Erst jenes brave, teutsche Zotteltraben
Der alten Knaben,

Dann englisch eleganter, leichten Schwung,
Galopp und Sprung,

Den span'schen Tritt, die Volten kreuz und quer,
Und was da mehr,

Die Hetze dann, der Sporen wüsten Lohn –
Du weißt ja schon!

Hast du's besorgt, geplagter armer Schlucker,
Dann kriegst du Zucker.

Abendlied

Mein Schifflein ruht im Hafen
Zu schauernder Abendstund',
Ein Posthorn tönt verschlafen
Aus kühlem Buchengrund;
Es rauschen so prächtig die Wälder,
Da wird die Seele so weit –
Die Muttergottes kommt über die Felder
Im glitzernden Sternenkleid.

Nach   Joseph Frhr. v. Eichendorff

Nächtlicher Gang

An dem öden Schilfgestade
Streift der finstre Jäger hin.
Denkt nicht mehr an Himmelsgnade,
Brütet schwarzen Höllensinn.

Manchmal schielt mit krassem Lachen
Er nach seiner Büchse Lauf:
Mitternächt'ge Donner krachen,
Und verzweifelnd schreit er auf!

Ach, er hat sein Lieb verloren,
Und sein Herz ist todeswund;
Trauernd, mit gesenkten Ohren
Schleicht ihm nach sein dunkler Hund.

Nach   Nikolaus Lenau

Liebesjubel

Ich ritzt' es gern in alle Rüben ein,
Ich stampft' es gern in jeden Pflasterstein,
Ich biß' es gern in jeden Apfel roth,
Ich strich' es gern auf jedes Butterbrod,
Auf Wand, Tisch, Boden, Fenster möcht' ich's schreiben:
Dein ist mein Herz, und soll es ewig bleiben!

Ich schör' es gern in jede Taxusheck',
Graviert' es gern in jedes Eßbesteck,
Ich sät' es gern als lecker grüne Saat
Ins Gartenbeet mit Kohlkopf und Salat,
In alle Marzipane möcht' ich's drücken
Und spicken gern in alle Hasenrücken
Und zuckerzäh auf alle Torten treiben:
Dein ist mein Herz, und soll es ewig bleiben!!

Ich möcht' mir zieh'n ein junges Känguruh,
Bis daß es spräch' die Worte immerzu,
Zehn junge Kälbchen sollen froh sie brüllen,
Hell wiehern hundert buntgescheckte Füllen,
Trompeten eine Elefantenheerde,
Ja, was nur kreucht und fleucht auf dieser Erde,
Das soll sie schmettern, pfeifen, quaken, bellen,
Bis daß es dröhnt in allen Trommelfellen
Mit einem Lärm, der gar nicht zu beschreiben:
Dein ist mein Herz, und soll es ewig bleiben!!!

Nach   Wilhelm Müller

Schwerer Unglücksfall

Urahne, Großmutter, Mutter und Kind
Sitzen neben einander vorm Ururspind
Auf dem Urstuhl, Großmutterstuhl, Mutterstuhl, Stühl-
chen.

Das Kind spricht: »Ich lob' mir mein Kinderspielchen.«
Die Mutter: »Ich bin so voll Mutterglück.«
Großmutter: »Den Großmutterstrumpf ich strick'.«
Urahne: »Mir ist so urahnungsvoll –«

Da stürzt das Spind mit Donnergeroll!
Erschlagen sind vom Ururspind
Urahne, Großmutter, Mutter und Kind.

Nach   Gustav Schwab

Im Stübchen beim Liebchen

Sieh, im Gemächelchen
Alle die Sächelchen
Rings in den Fächelchen
Bis an das Dächelchen –
Ach, ach, ach, ächelchen!
Was für ein Ställchen
Hat mein Mamsellchen,
Gesellchen, Margellchen!
Alle die Zellchen
Und die Gestellchen,
All' die unzähl'gen
Kryställchen, Pastellchen,
Deckchen und Fellchen!
Welch' ein Pêle-Mêle'chen!

Was hat das Mädelchen
Alles für Fädelchen,
Nädelchen, Rädelchen,
Schädelpomädelchen!
All' die Packetchen
Und Kettchen und Blättchen
Und Amulettchen
von meinem Nettchen!
In Lädchen, auf Brettchen
Corsettchen, Chemisettchen,
Und Bettchen, Spinettchen
Auf dem Parkettchen!

Und was für Kästchen,
Quästchen und Restchen
Von Tänzchen und Festchen
Schmücken das Nestchen!
Ach, und die Nischchen,
Tischchen und Wischchen,
Dazwischchen Goldfischchen!
Alle die Schnipfelchen,

Zipfelchen, Tüpfelchen,
Alle die Wickelchen,
Zwickelchen, Strickelchen!
Und Perpendikelchen
Ticken ihr Tickelchen
Dreien Karnickelchen,
Herzigen Dickelchen,
Und einem Zickelchen.

Aber das Krönchen
Ist doch dein Persönchen:
Aphrodité'chen
Vom Köpfchen zum Zeh'chen!
Ach, und die Löckelchen
Vorn an den Bäckelchen,
Hinten am Näckelchen –
Neckische Geckelchen,
Niedliche Schneckelchen,
Winzige Döckelchen,
Hühnchen und Göckelchen,
Flimmernd wie Flöckelchen,
Klingelnd wie Glöckelchen,
Goldige Dingelchen,
Schleckige Züngelchen,
Schlängelnde Schlingelchen,
Ringelchen, Kringelchen!

Nach Friedrich Rückert

Das Galgenlied

(In der kalten Hopserweis)

Die Nacht ist trüb und trostlos,
    Die Nacht ist schaurig und stumm;
Wir seufzen und ringen die Hände,
    Und stolpern klagend herum.

Es spielt auf der Galgenwiese
    Der gelbe Mondenglanz,
Dort knixen und hopsen die Geister
    Im quirlenden Nebeltanz.

Feinsliebchen, wir wollen uns hängen.
    So wie es der Liebe Brauch:
Und morgen Nacht, Feinsliebchen,
    Da knixen und hopsen wir auch.

Nach   H e i n r i c h H e i n e

Prinzessin Trude

Ich bin die Prinzessin Trude
Und wohne im Drudenhain –
Komm' mit, du schöner Jude!
Wir wollen selig sein.

Ich bin die Prinzessin Trude
Und wohne im Drudenwald:
Komm' mit auf meine Bude!
Hier außen ist's viel zu kalt.

Wir wollen küssen und scherzen,
Wie du nie gescherzt und geküßt,
Ich will dich kosen und herzen.
Als wärst du ein frommer Christ!

Ich habe die weißesten Brüste,
Ich hab' auch das goldenste Haar,
Ich kenne die heimlichsten Lüste
So zaub'risch und wunderbar ..

Ich bin die Prinzessin Trude
Und wohne im Drudenwald –
Komm' mit, du schöner Jude!
Hier außen ist's wirklich zu kalt.

Nach   Heinrich Heine

Moriz

Seh' ich einen jungen Freier,
Wird mir immer unerquicklich
wie bei einer Leichenfeier;
Aber Moriz ist sehr glücklich.

Stolzbefrackt am Traualtare
Läßt er heute sich beschauen,
Denn er glaubt, reelle Waare
Sei'n die wunderschönen Frauen.

Frisch gekauft im ersten Vorwitz
Sind sie zum Entzücken freilich:
Aber später, armer Moriz –
Später werden sie abscheulich.

Nach   Heinrich Heine

Schlangenringelreime

Der Wind durchfährt die Gassen,
Die Wolken durchfährt der Blitz –
Ich sitze hier verlassen,
verlassen hier ich sitz'.

Der Wind durchfährt die Gassen,
Der Blitz das Wolkenrevier –
Ich sitze hier verlassen,
verlassen sitz' ich hier.

O Wind, Blitz, Wolken, Gassen,
Ihr seid kein Trost für mich!
Ich sitze hier verlassen,
Hier sitz' – verlassen – ich.

Nach   Heinrich Heine

Ballade

Das ist der alte, traurige Traum,
    Wir sitzen unter der Linde,
Dein kahles Köpfchen faßt es kaum,
    Daß ich so hold dich finde.

Und leise seufzt dein wurmiger Mund:
    Ich bin doch schon angemodert –
O sage mir, warum jetzund
    Dein krankes Herz noch lodert?

Es haben von meinen Wangen bereits
    Zwei hungrige Ratten gefressen:
Und du, du willst mich deinerseits
    Noch immer nicht vergessen?

O sag' mir, bleicher Heinerich,
    Ich bin doch im Grab gelegen,
Und doch noch immer liebst du mich –
    Ich frage dich: weswegen?

Und ich entgegne dir gequält:
    Mir fehlen zum Buch der Lieder
Noch sieben Nummern wohlgezählt –
    Drum lieb' ich dich schon wieder.

Nach   H e i n r i c h H e i n e

Der Frühlingsabend

Du weicher Frühlingsabend,
Wie hab' ich dich so gern!
Nur hier eine weiche Wolke,
Und dort ein warmer Stern.

Wie warmer Himmelsodem
Wehet so weich die Luft,
Es steigt aus weichen Thalen
Ein warmer Veilchenduft.

Ich möcht' ein Lied ersinnen.
Das dieser Weiche gleich,
Und kann den Klang nicht finden
So wunderbutterweich!

Nach   Emanuel Geibel

Alles kommt anders

Schlich im Feld, und Aehren ließ ich
Glitschern, zwitschern durch die Hand –
Ach, ein blaues, liebes blaues
Blümlein da mein Auge fand!

Schlich im Kies – ein Falter hüpfte
Holdig, goldig von dem Sand,
Schwankte, schwebte, strebte, bebte,
Küßte zärtlich meine Hand!

Schlich im Wald: zu lesen dacht' ich,
Ach, zu lesen mit Verstand –
Doch dies winzige, süße, winzige
Liedchen schrieb ich an den Rand!

Nach   A d o l p h   B e k k

Ordnung muß sein!

Unter den Bäumen
Mußt du träumen!
Unter den Fichten
Mußt du dichten!
Unter den Rosen
Mußt du kosen!
Unter Reseden
Mußt du reden!
Unter den Birken
Mußt du wirken!
Unter den Eichen
Mußt du erbleichen!
Unter den Erlen
Reihe Perlen,
Unter Kastanien
Denk' an Spanien!
Unter den Linden
Wirst du sie finden!
Unter den Buchen
Mußt du fluchen –
Doch unter Palmen
Singe Psalmen!
Unter der Haselnuß
Gib deiner Bas' n Kuß!
Unter den Feigen
Mußt du schweigen.

Nach   Adolph Bekk

Ziehende Schwalben

Die Schwalben, ja, die Schwalben,
    Beim Hirten sind sie gern,
Und wenn die Blättlein falben,
    Zieh'n sie wohl in die Fern' –
        Gern – gern –
           Fern – fern!

Zu jedem Lämmlein plaudern
    Sie noch ein heimlich Wort:
»Wir dürfen nicht mehr zaudern,
    Wir müssen fort, ja, fort –«
        Wort – Wort –
           Fort – fort!

Der muntre Hirte singet:
    »Seht ihr nach meinem Sinn
Ein Mägdelein, so bringet
    Ihm meine Grüße hin!«
        Sinn – Sinn –
           Hin – hin!

Die Schwalben ziehen munter
    Zum grauen Nebelstreif:
Der Hirte zieht hinunter
    Durch grauen Winterreif.
        Streif – Streif –
           Reif – Reif.

Die Schwalben kehren wieder –
    Des Hirten froher Sinn,
Des Hirten frohe Lieder,
    wo sind sie hin, wohin?
        Wieder – Lieder??
           Hin – hin!

Nach   Julius Mosen

König Donalds Zunge

König Donald, schau' nicht immer voran,
    Schau' u m dich links und rechts –
Schon sank dein letzter Panzermann
    Im Föhnsturm des Gefechts!

König Donald schaut nicht hin noch her,
    Und jetzt war's all' zu spät:
König Helge mit gezücktem Speer
    Als Sieger vor ihm steht.

Da wallte Donalds Nordmannssinn –
    Er bat nicht für sein Loos,
Er bäumte hochauf das Löwenkinn
    Und bleckte die Zunge bloß!

Wohl lag er schnell vom rächenden Stich
    Durchstoßen und hingestreckt,
Doch ob ihm der Athem des Lebens entwich:
    Seine Zunge, die blieb gebleckt.

Wohl eilte heran König Helges Sohn,
    Und schlug mit Zornesblick:
Doch der Heldenzunge Todeshohn
    Wich keinen Zoll zurück.

Wohl sprangen herzu die Mannen all'
    Mit tobendem Lärmen und Schrein –
Trotz Fingerdruck und Fäusteprall
    Die Zunge, die wollt' nicht hinein.

Und als man den Sarg im Siegeszug
    Hinführte durchs festliche Thor,
Hing blauschwarz zwischen dem Bleigefug'
    Die trotzige Zunge hervor.

Wie braust der Jubel so donnernd laut!
　　König Helgen nicht laut genung:
Er reitet finsteren Blicks, und schaut
　　Auf König Donalds Zung'.

Nach　　M o r i z G r a f S t r a c h w i t z

Am Plauderquell

Du Quell mit deinem Plaudermund
Am trauten Waldespförtchen.
Wie tauschest mit der Rose du
So leise Liebeswörtchen!

Was sollt' ich sagen, kam' ein Mann
Zu mir ans stille Oertchen?
Nicht wahr, hab' ich mal a u c h ein Lieb,
Lehrst d u mich solche Wörtchen!

Nach Oskar v. Redwitz

Waldvögelein

Waldvögelein! wie singst du heut'
So herzigfromm, wie nie zuvor –
Möcht' fliegen wie ein Weihrauchduft
Vor lauter Freud' zu Gott empor!

Hast du denn auch, Waldvögelein,
Heut' Nacht dein Lieb im Traum geseh'n?
O herzigfrommes Vöglein du –
Mit dir und mir wird 'was gescheh'n!

Nach   Oskar v. Redwitz

Wehmut

Das machen die Zweiglein und Läublein all',
Daß der Wald nicht so sonnig ist:
Das macht die herztausigste Maienzeit,
Daß das Röslein so wonnig ist!

Mein' Schätzeleins Lieb' war das Röslein rot,
Das duftet' am Waldesrain,
Und die Zweiglein braun und die Häublein grün,
Das waren Gedanken mein!

Nun ging die herztausigste Maienzeit,
Die herztausigste Liebe zur Ruh':
Nun fallen die Läublein und Zweiglein herab
Und decken das Röselein zu.

Nach   Otto Roquette

Letztes Schlachtlied der Vandalen

Erspäht ihr durch die Nacht
Karthago's Mondenglanz?
Dort triumphiert die Pracht
Der Griechen von Byzanz.
O stolze Stadt des Ruhms,
Daß wir dich lassen mußten,
Stern des Vandalentums,
Perle der Wüstenpußten!
O Schmerz, laß' heut' den Pfeil
Auf schwarzem Bogen rosten,
Daß nicht mit Wehgeheul
Wir seinen Giftdorn kosten!

Hoch stand auf hohem Turm
Der König Geiserich
Und blitzte durch den Sturm –
Doch all' sein Blitz erblich.
Nur Leichen schwemmt die Flut,
Wrackvoll sind alle Riffe,
Das Meer ist roth von Blut –
O ihr Vandalenschiffe!

Auf, König Gelimer,
Jetzt schmettr' uns in die Schlacht! –
Du flackerst vor uns her
Wie Fackelbrand zur Nacht!
Wir aber thun dir's gleich An Flammenmut und Wundern
Es soll dein Königreich
Noch lange fortjahrhundern!

Schon saust der Feinde Schaar
Empor vom blut'gen Meer –
Zerstich den Belisar,
O König Gelimer!
Ob auch der Göttersinn

In ew'gem Tod sich büßte:
Denk' du an Glycerin,[1] Den Heldenstaub der Wüste!
W i r f ihn, den Belisar,
Und tritt ihm auf die Zähne –
Es ströme tausend Jahr'
Des Griechenweibes Träne!

Nach   Hermann v. Lingg

---

[1] Oder hieß er Mycerin, jener hochgesinnte Egypterkönig? Ich weiß es nicht mehr genau ...

Bescheidenheit

Es steht eine Lind' auf grünem Rain,
Da fliegen hundert Vögelein
    Wohl aus und ein:
    Die wollen n i c h t s als s i n g e n .
Sie singen, wenn der Tag erwacht,
Sie singen in der finster'n Nacht;
    Ich hört' es lustig klingen,
        Ja klingen!

Und unter der Lind' auf grünem Rain,
Da saß ein blutjung's Mädel fein
    So ganz allein:
    Die wollte n i c h t s als w e i n e n .
Ach, Vöglein hat wohl seinen Schatz –
Doch auf des Kirchhofs grünstem Platz
    Begrub man heut' den meinen,
        Ja meinen!

Und von der Lind' auf grünem Rain
Zum Kirchhof ging das Mädel fein
    Im Abendschein:
    Sie wollte n i c h t s als s t e r b e n .
Sie legte sich ins grüne Gras,
Bis sie vom Leben ganz genas.
    So geht das Glück in Scherben,
        Ja Scherben!

Nach   A u g u s t B e c k e r

Rührung

O wenn du Lieb' im Herzen trägst,
So trage sie, und trag' sie still –
Wie mancher läßt sie fallen, ach!
Der sie nicht länger tragen will.

Und wenn du je ein Herz gerührt,
O rühr' es fort, o rühr' es treu,
Sonst bleibt es künftig ungerührt –
D r u m   r ü h r'   e s   i m m e r   s t e t s   a u f s   n e u' !

Und wenn du keine Lieb' mehr hast,
So gib den R e s t doch ohne Trug –
Und nahm man dir den R e s t sogar:
G i b ,   w a s   d u   h a s t ! es ist genug.

Nach   G e o r g   S c h e u r l i n

Augenraub

Hoch ruht die Bergeshalde,
Darunter ruht der Wind,
Die Zweige hangen herunter.
Darunter ruht ein Kind.

Sie sitzt im Thymiane,
Sie sitzt in lauter Duft,
Sie sitzt im Fliegenschwarme,
Und schaut nur in die Luft.

Die Lerchen lachen von ferne –
Wer hätt' es nur geglaubt?
Sie hat die grünen Augen
Der Waldesfee geraubt.

Nach   Theodor Storm

Das Minnerlein

Es war ein ärmstes Minnerlein
    Im Herzen sterbekrank:
Ihm bot die Allerliebste sein
    Nicht Gruß noch Habedank.
Sie war so hart wie Kieselstein,
    Ach! wollt' ihn nicht versteh'n –
O weh! du ärmstes Minnerlein,
    Jetzt ist's um dich gescheh'n!

Er schlich so trüb von Haus zu Haus –
    »Gott Herre, dich erbarm'!
Kommt denn kein Mägdlein, ach! heraus
    Und schließt mich in den Arm?«
Horch, horch! da pocht's ans Fensterlein,
    Wink, wink! mit weißer Hand –
Schau schau, du kluges Minnerlein:
    M ä g d l e i n   g i b t ' s   m e h r   i m   L a n d !

Die Zweite lieben Kuß ihm bot,
    Das schuf der Ersten Gram:
Drum weint' sie sich die Aeuglein rot,
    Bis daß er wiederkam.
Nun wußt er nicht mehr aus und ein,
    Welch' Mägdlein süßer sei –
Juchhe, du kühnes Minnerlein:
    Jetzt hast du ihrer z w e i !

Nach   J u l i u s   W o l f f

Mailied

Boten sendet uns der Mai,
    Ob wir's nicht vergaßen –
Tandaradei! zum Ringelreih!
    Ruft's in allen Straßen.
Spielmann, wirf die Geig' ans Kinn –
H o r c h ' doch, liebes Magedin!
      din derin
      din din!

Leg' dich doch an meine Brust –
    Will dich dort schon halten:
An der Jungen Roselust
    Letzen sich die Alten!
Hüpfefuß hat Hüpfesinn –
    H u p f ' doch, liebes Magedin!
      din derin
      din din!

Halt! den Kuß noch, Mündel rot,
    Darfst du nicht versagen,
Wirst die kleine Schmatzenot
    Nicht der Mutter klagen!
Schmatze her und schmatze hin –
    L a c h ' doch, liebes Magedin!
      din derin
      din din!

Nach   J u l i u s W o l f f

Rosen, Disteln und Hänschen

Röschen aus der Hecke blickt.
 »Ei, das muß ich brechen!«
Hänschen doch ist ungeschickt,
 Und die Dörnlein stechen.

Aus der Hand des jungen Mann's
 Kommt das Blut geronnen:
Seinen Finger taucht der Hans
 Seufzend in den Bronnen.

Saß ein Seherweib am Born,
 Sprach mit weiser Zunge:
» K e i n e R o s e o h n e D o r n –
 Merk' dir das, mein Junge!«

Hänschen glättet sein Gesicht,
 Dreht dem Strauch den Rücken,
Weil die dumme Rose sticht,
 Disteln sich zu pflücken!

Disteln haben g l e i c h e n Stolz –
 Unbescheid'ne Dinger!
Ach! schon sitzt der Stichebolz
 Tief in Hänschens Finger.

Häuschen, sei doch nicht so dumm!
 Willst du dich erbosen?
Dreh' dich lieber n o c h mal um,
 Pflücke wieder Rosen!

Nach   R u d o l f B a u m b a c h

Wassertopf und Deckel

Unter den Zweigen in schwüler Nacht
    Dacht' ich an scherzende Küsse:
Siedete mir im Kopf mit Macht
    Brodelnde, brausende Süße.

Siedet im Topfe ein Wässerlein fein,
    Bleibt der Deckel nicht liegen –
O wie flott in die Lüfte hinein
    Ließ ich mein Strohhütlein fliegen!

Ob sich der Deckel zum Topf erkor
    Anderen Kopf – kann ich's wissen?
Da ich lange den Kopf verlor,
    Kann ich das Deckelchen missen!

Nach   Paul Heyse

Rosa von Awein

Die hehrste Dame in dem Hand ist Rosa von Awein,
Und mein ist sie mit Herz und Hand, und soll es ewig sein!

Am Lindenbaum im Abendgold fand ich die süße Maid,
Sie selbst so sanft und mild und hold wie gold'ne Abendzeit;

O Maid – so sprach ich – in dem Kahn auf blauer See Euch wiegt:
Wie lieblich, wenn auf leiser Bahn Ihr durch die Wellen fliegt!

»Will mich nicht wiegen auf blauer See, noch auf der Wellen Schaum:
Es bannt mich in der Linde Näh', weiß nicht, welch' tiefer Traum.«

O Maid, kommt auf die Hünengruft, wo die wilde Rose steht:
Wie lieblich, wenn ihr milder Duft im Abendwinde weht!

»Nicht zieht mich von der Linde fort der Hünenrose Flor:
Mir ist, ich find' an diesem Ort ein Kleinod, das ich verlor.«

Weil hier zuerst du mich erkorst, drum ist das Geh'n dir leid:
Das Kleinod, das du hier verlorst – ist's nicht dein H e r z , o Maid?

Da ward sie still, da ward sie rot, und senkte die Wimper fein,

Und lächelnd sie die Hand mir bot: »So mag es, Ritter, sein.«

Die hehrste Dame in dem Hand ist Rosa von Awein,
Am Lindenbaum mit Herz und Hand im gold'nen Abendschein!

Nach   Felix Dahn

Nachtlied

Lieg ich weltbemäkelt,
Unlustabgeekelt
Nachts im Grübelrausche,
Bis ich, überrege,
Meiner Blutklopfschläge
Ticketon erlausche:

Müde dann der Pfühle
Such' ich Schnatterkühle
Auf dem Windaltane,
Wo aus Erdwehstreite
In die Milchstraßweite
Ich hinaus mich ahne.

Tausend Silberschaaren,
Zitterflitt'rer, fahren
Beßre Bundesbahnen:
Klammernd klein dagegen
Sorgen, Singen, Segen,
Menschenplapperplanen!

Doch sogleich dem Kleinmuth
Folgt zu stolzem N e i n Muth!
Allrath ließ ja reifen
Auf dem Staubgestirne
Denkerdämmerhirne,
S e l b s t sich zu begreifen.

Nach   W i l h e l m J o r d a n

Truppeneinzug nach dem Manöver

Wer kommt? wer?
Sie ziehen daher,
Sie rücken ein

Durchs Brandenburger Thor herein –
Hurra! dreizehn Regimenter,
Lauter Herrgottsakermenter,
Eins zwei, eins zwei, Schritt und Tritt!
Allpreußenherzen marschieren mit.
Hut ab! Hurra ohne End' –
Vivat hoch das Leibregiment!

Füsiliere, Grenadiere,
Kavallerie dann – schöne Thiere!
Leutenants von Itzenplitz
Grüßen mit der Sporenspitz'.
Vierundzwanziger, Fünfundzwanziger,
Meckelnburger, Hamburger, Danziger,
Zweiunddreißiger, Dreiunddreißiger –
vierunddreißiger waren noch fleißiger,
Schwitzten im Sande tapfer und brav,
Einen sogar der Hitzschlag traf –
Haben wir's nicht gestern gelesen?
Aber die Andern, die sind genesen.

– Hunderttausend auf Zehenspitzen
Spähen nach den Itzenplitzen.

Wer kommt? wer?
Achtziger, Neunundneunziger,
Uckermärker –
Die sind noch stärker!
Knoten und Knüppel –
Conferantur: Schanzen von Düppel!
Lösten sich ewig von jeder Sünde
Bei Fohlenkoppel und Angermünde.

Wer kommt jetzt? – 'sanfter Diener –
Hurra! das sind die Berliner!
Werfen die Beine federleicht,
Tragen den Schnurrbart »es ist erreicht«,
Und dazu noch Veilchensträuße –
Schnell den Berlinern eine Weiße!

Was? noch immer wehen die Tücher?
Ja freilich! jetzt kommen die Oderbrücher!
Keine Verknatt'rer und Pulververschlemmer,
Lauter treffsichere Eisenhämmer,
Durchgedrückt die Knochen am Knie
Für Preußens Größe, pour la patrie!

Und zuletzt? ich habe die Ehre!
Da sind noch die Herren Ingenieure
Zwischen rothen und todten Husaren,
Wumdibumpauken und Kraftfanfaren.
    Halt!!
Vor des alten Fritzens Erzgestalt.

Aber der dreht im Sattel sich um:
»Merci, Messieurs! das ist mir zu dumm.«

Nach Theodor Fontane

Fragen

       Ich stand auf grüner Halde,
          Ich stand so still . .
   Was wohl im grünen Walde
          Die Tanne will?

   Da haucht aus grünem Walde
          Der Wind mir zu:
   »Du Mann auf grüner Halde –
          Was willst denn du?«

Nach   Martin Greif

Der Eierkuchen

Am heiligen Charfreitag
Grub ich ein Kräutlein fruh:
In einem Eierkuchen
Schickt' ich's dem Liebsten zu.

Es wird ihm gar nichts schaden,
Ihr blonden Schwestern, wißt!
Er ißt es mit dem Fladen,
Und meiner nie vergißt.

Nach Martin Greif

Die Wolke

Die Wolke zieht zum Firne,
Ein Tropfen fällt vom Baum,
Er fällt mir auf die Stirne –
Es ist mir als im Traum.

Bald ist es ganz verflogen,
Und alles wieder schwül;
Doch ob es hingezogen,
Es bleibt noch ein Gefühl.

Nach   Martin Greif

Die Wiese

Verschleiert sich die Ferne
Am grünen Wiesenplan,
Dann schau' ich mir so gerne
Die lieben Berge an.

Wohl manchmal bin ich fröhlich,
Doch traurig bleibt mein Sinn,
Und immer wieder stehl' ich
Mich auf die Wiese hin.

Nach   Martin Greif

Der Knabe von Tirol

Du kamst doch sonst so seelenfroh
    Von deinen Bergen her:
Was macht dir denn mit einem so
    Das junge Herze schwer?
O weh, ach weh, dir ist nicht wohl,
    Du holder Knabe von Tirol!

Die Mägdlein kennen nimmer dich,
    Und Keinem machst du's recht,
Es fehlt dir sicher innerlich,
    Und sonst auch geht dir's schlecht;
Weh, weh im dünnen Camisol,
    Du holder Knabe von Tirol!

Ach, deine Lippen rot und jung,
    Sie finden keinen Kuß,
So drückst du dich mit scheuem Sprung
    Durch kalten Regenguß.
Komm', komm'! komm' unter's Parasol,
    Du holder Knabe von Tirol!

Du thust mir so von Herzen leid,
    Ich kann dich gar nicht seh'n,
Ich möcht' in meiner Traurigkeit
    Für dich zu Grabe geh'n!
O weh, ach weh! wie welk der Kohl –
    Fahr wohl, du Knabe von Tirol!

Nach   Martin Greif

Die Haide

    Wenn still das verheißende Haiderot
        Hergeistert über die Haide,
    Wenn die Haide liegt so leichentot,
        So weit du nur schauest, die Haide,
    Wenn der Haidemond mit bleichem Schein
    Umzittert den heidnischen Haidestein,
    Und der heisere Haidewind wimmert darein
        Auf der Haide, der Haide, der Haide,
        Der Haide, der heiligen Haide:

Dann ist die unheimliche Haidezeit,
    Schleich' leis da über die Haide,
Und horch' auf des Haidewinds Heimlichkeit,
    Auf den Haidehauch auf der Haide!
Das Haidegeheimnis, es wird dir kund
Aus dem Haidegras und dem Haidegrund
Wie dem Haideschaf und dem Haidehund
    Auf der Haide, der Haide, der Haide,
    Der Haide, der heiligen Haide.

    Nach   Hermann Allmers

Reinemachen

Erst zum Schinder
Die mit dem Cylinder!
Dann totgedroschen
Die mit den Galoschen!
Was muckerbeflissen,
In's Müllfaß geschmissen!
Zerbläut elendig,
Was nicht wurzelständig!
Die Dämmerungsgeister
Ertränkt in Kleister,
Die in Wolken schwärmen,
Gehenkt an den eigenen Blähungsdärmen!
Wer noch übrig ist dann,
Der ist mein Mann:
Forsch und wacker
Bestell' er den Acker,
Und such' sich ein redliches Frankenbett!
Dann hat er das Glück komplett.

Nach   Michael Georg Conrad

Tragoedie

1.

Die Treppe –
Die Schleppe –
Das Tuch..
O Fluch!

Aus Ketten
Sich retten?
Vorbei..
Es sei!

2.

Oho!
Wieso?
Ja freilich –
Erst neulich!

Da drüben
Zu lieben –
Ein Wort..
Dann fort .

3.

Schenk' ein!
– »Ach nein«..
Getrunken –
Gesunken.

Jetzt Puder..
Ein Luder .
Ah bah –
Haha!

Nach   Verschiedenen

Die Attacke

>Bä b ä bäbä bäh
>Tä t ä tätä t ä h –
Klingt es nicht, als ob Trompeten
Zur Attacke tätterätähten?

>Nein, die junge Schäferin
>Gertet ihre Schafe hin;
Eins, zwei, drei, vier, fünf, sechs, sieben –
>Keines ist zurückgeblieben.
>Rackerchen du!
>Und zur Ruh'
>Setzt sie sich nieder
>Auf den Stein,
>Lüftet das Mieder,
>Und richtet sich ein,
Mitten unter den lieben Schafen
Halb zu träumen und halb zu schlafen.

>Bäh bä bäbä bäh –
>Täh tä tätä täh ...

Aber da bummelt schon her der Junker,
>Am Sturmhut die Klunker,
>Mit flottem Geflunker,
>Er hat erspäht,
>Wo ein Röckchen weht,
>Und denkt sich: Blitz –
>Das gibt 'n Witz!

>Das liebe Mädchen,
>Schon eingenickt,
>Erschrickt,
>Aber nicht sehr:
>Und er
>Ist schon über sie her
>Wie eine Bracke –

Bä b ä bäbäbäh,
Tä t ä tätätäh,
Marsch marsch, zur A t t a c k e !
pianpi a no, fortf o rte,
Und ganz ohne Worte.

Ich kann nicht sagen, was weiter geschah,
Doch die Schafe bäbähten: Viktoria!

Nach   Detlev Frhr. von Liliencron

Mädchen im Frühling

Mein junges Laub zittert im warmen Sturm –
   So wach bin ich von mir,
Und doch so sprossend trag und schräg,
   Ich sehnendes, dehnendes
      Menschenbäumchen!

Mir wird so süß von mir,
   Ich bin so süß nach dir,
Liebschlau spiel' ich mich hin vor dich,
   Du mein doppelter Tag
Mit deinen zwei Lodersonnen,
     Du!

   Siehst du denn nicht,
Wie ich so leckerschön bin nach dir,
Wie ich zuckerzucke nach dir?
Jetzt geht meine Seele noch baden,
   Dann kommt sie zu dir,
     Ja?

Nach   Peter Hille

Unterm Süßmandelbaum

Sieben kleine Mandolinen klangen,
Sieben Himmelsenglein spielten sie,
Saßen hoch auf dem Süßmandelbaum:
Säuselten die Mandolinchen kaum
Ihre zarte, süße Melodie.

Wie mit sieben Ohren mußt' ich lauschen
Aufwärts in des Mandelbaums Geäst;
Schlugen leis den Takt die Zuckerbeinchen
All der lieben, rosenroten Kleinchen –
Sieben Stunden währte so mein Fest.

Sieben letzte Mandolinchentriller,
Sieben süße Mandeln sinken sacht..
Sieben Tag' und sieben Nächte sinn' ich:
Sieben Silberliedchen engelsinnig
Sind in meinem Herzen aufgewacht.

Nach   Gustav Falke

Zwischen Feldern und Wäldern

Über Wunderwiesen ein Knabe sprang,
Rick rack, ticketackte sein Herz,
Seine Augen glitzfunkten so jauchzebang,
Rick, rack, ticketackte sein Herz.
    O Blühefelder,
     So schön, so schön,
    O Raunewälder,
     So schön, so schön,
    O du Braune, du selber,
     So schön, so schön!
Rick rack, ticketackte sein Herz.

Hin tanzte der Knabe im Sauseschritt,
  Rick rack, ticketackte sein Herz,
Nahm Rankebuntwinden und Nicknelken mit,
  Rick rack, ticketackte sein Herz.
    Durch Blühefelder
    Z u d i r zieht's mich hin,
    Durch Raunewälder
    Z u d i r zieht's mich hin,
    O du Braune, du selber,
    Z u d i r zieht's mich hin!
Rick rack, ticketackte sein Herz.

Zwischen Feldern und Wäldern die Rieke stand –
  Rick rack, ticketack, schau schau!
Hielt über die Augen die Guckeguckhand,
  Rick rack – so'ne kleine süße Frau!
    Durch Blühefelder,
     Da kommt er jetzt her,
    Durch Raunewälder,
     Da kommt er jetzt her –
Und da kommt er schon selber, und da kommt er schon her,
  Rick rack, ticketack, schau schau!

Nach   Otto Julius Bierbaum

Sommermädchenküssetauschelächelbeichte

An der Murmelrieselplauderplätscherquelle
Saß ich sehnsuchtstränentröpfeltrauerbang:
Trat herzu ein Augenblinzeljunggeselle
In verweg'nem Hüfteschwingeschlendergang,
Zog mit Schäkerehrfurchtsbittegrußverbeugung
Seinen Federbaumelriesenkrämpenhut –
Gleich verspürt' ich Liebeszauberkeimeneigung,
War ihm zitterjubelschauderherzensgut!

Nahm er Platz mit Spitzbubglücketückekichern,
Schlang um mich den Eisenklammermuskelarm:
Vor dem Griff, dem grausegruselsiegesichern,
Wurde mir so zappelseligsiedewarm!
Und er rief: »Mein Zuckerschnuckelputzelkindchen,
Welch ein Schmiegeschwatzeschwelgehochgenuß!«
Gab mir auf mein Schmachteschmollerosenmündchen
Einen Schnurrbartstachelkitzelkosekuß.

Da durchfuhr mich Wonneloderflackerfeuer –
Ach, das war so überwinderwundervoll..
Küßt' ich selbst das Stachelkitzelungeheuer,
Sommersonnenrauschverwirrungsrasetoll!
Schilt nicht, Hüstelkeifewackeltrampeltante,
Wenn dein Nichtchen jetzt nicht knickeknirscheknit,
Denn der Plauderplätscherquellenunbekannte
Küßte wirklich wetterbombenexquisit!!

Nach   O. J. Bierbaum und anderen Wortkopplern

Trinklied

Näher und näher die Nacht schon stapft:
Trinkt, bis der Seher sich selbst verzapft –
        Stürzt das Faß!
Schaut, wie im Blute die Sonn' ersauft,
Weil sich die Gute nun wärmer tauft –
        Hoch das Glas!
Singt mir vom rötlichen, tödlichen Leben –
Dagloni maroni lazzaroni sasa,
Gleiala kling klang gloria..
So trinkt doch, Donner und Doria!
Knickeknackreben, süßtriefende Wunden,
Singt mir das Lied von droben und drunten,
        Wallalalei juchuh!

Der Mond hängt seine rote Zung'
Über den Berg – gute Nacht, min Jung'!
        Sonne, hist hott!
        Feuert den Pott,
Krach! in die Ecke zum Gott –
        Hui!

Näher und näher schon schlurft die Nacht.
Im Gurgelstrom ein Gegack', ein Gezuck' –
    Noch ein Schluck!
    Hört ihr, wies kracht?
    Fürchtet ihr den schwarzen Mann??
    Da kommt er schon an.
    Der Morian,
    Hopp hopp, im Galopp,
    Und der Kopp so salopp –
        Huputui!

Singt mir vom rötlichen, tödlichen Leben!
    Maroni mahagoni –
    Klirrlala, g'schirrlala,
    Klingelingkling klimbim gloribusvallera..

Hussa! wir streben und kleben und schweben
Immer darüber und immer daneben –
Juch!

Nach   Richard Dehmel

Die entscheidende Schlittenpartie

Aus »Zwei Menschen«

Zwischen zwei Rappen jappjachtert ein Schimmel!
Getümmel, Gebimmel, Verschwimmelgewimmel ..
Ein Weib und ein Lümmel
Hetzen dahin zwischen Erd' und Himmel!
Das Weib schwingt die Peitsche, der Lümmel die Zügel,
Jetzt reckt er sein Kinn über Tal und Hügel:

»Sarah! seit meiner Jugend Gewitter
Rast' ich noch nie so im Glitzergeschlitter!
Aber noch herrlicher raste ich gestern,
Als ich im Sturm deinen Namen s c h r i e , Weib,
Meinen Orkangott hervorzulästern,
Mit ihm zu ringen Kniescheib' an Kniescheib',
Daß du nun f r e i ,
Daß wir zwei
In einem Schrei
Z w e i sind, aber auch e i n e r l e i !
Schleif' mich, Zyklongott, rund um den Erdball,
Sei der nun mulmig oder rein –
Ob auf die Nas' ich oder verkehrt fall':
H i n g e s c h m i s s e n will ich sein!
Sage mir, du! jetzt muß ich es wissen –
Bist auch d u so hingeschmissen?
Schreist du, Weib, vor allen Damen
Ebenso rasend auch m e i n e n Namen?
Kennst du den Wahnsinn dieser Gottähnlichkeit??«
– Das Weib umklaftert ihn purzelbereit:

»Nenn' es nicht Wahnsinn, nenn's lieber Ahnsinn,
Nenn's nicht Profansinn, nenn's Nahedransinn!
Isidor, schau' – in den furchtbaren Wochen
Hast alle Knochen

Du mir schon zerbrochen..
Doch ob mir auch graust:
Ich will, muß, kann,
Willmuß, mußwill,
kannwillmuß, willmußkann
Fliegen mit dir, o Mann!
Ja, Isidor, rase! Reck' deine Nase!
Laß brechen, laß biegen,
Laß dich, laß mich,
Laß michdich, dichmich fliegen!!«

Schwupp! da saust
In den Graben das Paar, das durchtobte..
Zwei Menschen empfehlen sich als Verlobte.

Nach   Richard Dehmel

Im kalten Hain

Aus »Zwei Menschen«

Zwei Menschen gehn durch einen kalten Hain,
Der Mond läuft mit, sie schaun hinein.
Das Weib geht schwer, wie zum Hochgericht –
Die Stimme eines Weibes spricht:

»Ich trag' ein Kind, doch 's ist nit d e i n ..
Ich sag's erst jetzt im kalten Hain!
Bin auch mit A n d e r e n gegangen –
Ich hatte eben s c h o n Verlangen
Nach einem , ehe du
Mir gabst die ganze Seelenruh'!«

Die Stimme eines Mannes spricht
(Nun geht auch er, als hätt' er die Gicht):

»Sei du getrost! Das macht doch nichts,
Wenn du nur selbst ein Kind des Lichts!
Es ist um dich ein großes Glänzen,
Und das verwischt mir alle Grenzen!
Kam auch dies Kind vom A n d e r n dir:
G e b ä r e n kannst du's doch noch m i r !
Daß, wenn ein Weib nach meinem Sinn,
Ich leider nie der erste bin,
Das war ich ja v o n j e gewohnt!«

Zwei Menschen schauen in den Mond.

Nach   R i c h a r d D e h m e l

Der Mustersaal

Kluges Klappetappen tippt, klippt und wippt
Durch wüst getonnte Kahlgewölbe.
Träufeln leise, trotzerlöst
Gekröpfte Kugelköpfchen?
Busig blähn sich verblasene Beulelbälle,
Schleuderquellen umquirlen
Das spitzige Zipfelzapfengezause –
Tausendfinger betupfen
Die zuckenden Zackenhallen!
Schlanke Birnekegel, knappe Apfelknorpel
Triefen traumselig
In die Tröpfeltröge.
Zu zähem Sudseim
Zersehnt sich der Stockestein!
Knaufknoten recken zu Ränderbäuchen
Die lingernden Leckezungen!
Strahlzerrissen sprühen
Spellende Spritzespitzen
In klaffendes Kuppeltraubengeträne.
Zopfzierzinnen
Rieseln, rinnen und spinnen.
Formflausen flattern hinter dem Fallball –
Spielwillig schlingeverschlungen
Schlampt und rollt der Rohteig
In schwillendem Raserausch,
Hochwärts säulenfrierend
Zum riesigen Fransenfriesedach!
Winklig stülpestopfen
Die keulgekerbten,
Raspelgerippten,
Splitterumspießten
Schäumedolden und Mähegarben!
Die Dorredistelstrahlen,
Die krustigen Gräteborsten
Und Sprießespane
Vergürtelgittern

Mit Kerberiemen und Ätzegerten
Das hart umhakte,
Schlitzdurchfächerte
Sprühsprungspreizegerüst!
Zerfetzte Bastebündel
Lockern des Zickzackgetakels
Zerschrammte Starrstromstrünke!
Die Schönheit schafft –
Der Allgeist schwebt durch den Saal!

Nach   Paul Scheerbart's »Paradies«

Promenade

Putz' mir meine Neese,
Roter Irokese,
Denn wir gehn spazieren –
Uns zum Lohne,
Aller Welt zum Hohne
Hüpfen wir auf allen Vieren!
Unser grünes Nashorn
Hüpft voran,
Weil das grüne Nashorn
Alles besser kann.
      Hurrah!!

Nach   Paul Scheerbart

Abwehr

Der Weise lächelt, wenn das Gewürme sich
In frechem Wahn olympische Größe träumt:
    Er sieht ja täglich, wie im Topfe
Selbst die verächtlichsten Wässer keimen.

Er steht, das Haupt im Schimmer der Sternenwelt,
Zu Füßen ihm der Menschen Erbärmlichkeit,
    Und seiner Schöpferhand entwirkt sich
Dankbar das leuchtende Bild der Schönheit!

Was soll das, Lore? lasse das Kitzeln bloß!
Kind, sei doch ernst – dies Kitzeln ist ärgerlich!
    Komm' etwas später! dichten muß ich
Jetzt in der griechischen Pathosstrophe.

Nach   Otto Erich Hartleben

Der Fußwärmer

Es kreischen die Krähen, das kalte Pack
Der Menschen vergnügt sich mit Lieben –
Ich bin wie ein alter Wärmesack
Unterm Tische liegen geblieben.

Mein Wolfspelz, der unter dem Wetzen litt,
Ist schäbig, nur Löcher, und mehr nicht –
Komm, Schicksalsfuß, gib mir den letzten Tritt,
Und schnell' mich hinaus ins Kehricht.

Nach   F r a n k   W e d e k i n d
    (E r s t e   P e r i o d e)

Der Freischwimmer

Heil dir, Henckell!
Schlenkre die Schenkel,
Schlag dir die Brust
Siegesbewußt!
Klatsche der Waden
Schimmernde Gnaden,
Patsch' in die Hände,
Streichle die Lende!
Lasse die Hüften
Lustig sich lüften –
Reck um den Kopf
Schüttle den Schopf!
Sicher vor Tücken
Recke den Rücken
Weit aus dem Wasser,
Herrlicher Prasser –
Nimmer bezopft
Freu' dich, wie's tropft,
Juble dich heiser,
Heimlicher Kaiser!

Nach   Karl Henckell

Frühling

Seht ihr den Frühling seine Räder schlagen
Im goldgestickten, wundergrünen Flaus?
Nun ist's zu Ende mit den grauen Tagen,
Und was nur Beine hat, das läuft heraus!

Die kleinen Kinder gehen Kätzchen fangen,
Die größer'n spielen lachend unterm Tor,
Und selbst der Registrator kommt gegangen,
Und guckt bedächtig in die Sonne vor.

Backfischchen kichern im Vorübergleiten,
Und jede glüht wie eine junge Ros':
Kußhändchen regnet's jetzt von allen Seiten –
Herr Gott von Bentheim, ist die Welt famos!

Nach   Karl Busse

Der junge Gott

Heil, Heil und Herrlichkeit dem Sohn der Kraft!
Die Adler schreien's, und der Vorhang reißt
Am Allerheiligsten – die Welt wird hell.

Aus meinen Tiefen strahlt das Urgeheimnis,
Der dreimal glüh'nde rote Gottesring..
Es geht in mir wie Purpursonnenflut
Und wogt empor, und ebbt in Andachtsstille.
Ich bin erwacht, und ich bin Gott, und strahle –
Und all' mein Strahlen ist ein Dankgebet
Zu mir, mir selbst ...
          die weißen Lilien schauern
Und neigen sich vor mir und meiner Liebe.

Heil, Heil und Herrlichkeit dem Sohn der Kraft!

Nach   F r a n z   E v e r s

Erinnerungen

Die Mädchen unter den weißen Cypressen
Zittern: sie können noch nicht vergessen,
Scharren mit ihren Schattenschuhn,
Reihn sich zum Reigen, und möchten doch ruhn,
Netzen leisnagend die Lippen sich naß,
Küssen sich – aber die Küsse sind blaß,
Und das Lächeln ist lahm und leer,
Und so weh der Winter am müden Meer.

Nach   Rainer Maria Rilke

Der Gefangene

Nachtbild aus einem italienischen Hotel

Meine Hand hat nur noch eine
    Gebärde, mir der sie verscheucht –
Über meine Beine
    Kommt, was hüpft und kreucht.

Ich höre das hastige Ticken
    Der Uhr – mein Herz hält Schritt..
Vor ersten Tagesblicken
    Vergeht, was dunkel ich litt!

Tickt' es doch noch schneller!
    Kommt da wieder ein Tier?
Wird es nicht schon heller?
    Aber was wissen wir ...

Nach   R a i n e r M a r i a R i l k e

letzter besuch

ob noch ein trost entquille jetzt uns beiden
ich hofft es wohl ich kam zum lampenmahle
doch da ich heißer dürste tief im leiden
dich trinken will entziehst du mir die schale

ich berge schweigend mich im beigemache
die unentschloßnen qualen zu verschonen
denn einsam fahle liebe, törig schwache
sie kann nicht meine träume mehr bewohnen

und glimmt noch jetzt durch leere nacht der zunder
in bitternis dich an mir festzulegen
so will ich deines grams geheimes wunder
mit sanftem saft mit meinen tränen pflegen

nach   stefan george

american bar

    ein ruhgelaß schrägab dem rädertreiben
    da müden seelen in gedämpfter stille
    sich mälich wieder ebnet sinn und wille
    im schimmerglast der zarten kräuselscheiben

    umschmiegt von feingebräunter holzbeschalung
    bleichhell getönt verwölben sich die wände
    und friedlich labt den blick verstreute spende
    der dämmerkunst in altersdunkler malung

    der fliese mattes rot wer könnt es singen
    die schneegedecke die willkommen sagen
    der schlummerlehnen schmeichelndes behagen
    der silbernen geräte leises klingen?

    vielleicht doch lieber wink ich mit den augen
    dem kellner in der milden weißen bluse
    zum wohle meiner nervenschwachen muse
    blaßkühlen saft durch hohles stroh zu saugen

    nach   s t e f a n g e o r g e

stammtisch der vorgeschrittenen

die hölzer schwedens harren auf dem tische
beflimmert von dem blendeglanz der birnen
und säfte warten schwül verführerische
zu röten feuchte längst erblaßte stirnen

die fahlen bärte formen sich bewußter
die augen tränen in verborgnen träumen
und durch das fenster zischelt der liguster
und heisern regens trübes gossenschäumen

wir schaun uns fragend in die leeren höhlen
und wissen nicht was wir uns sagen sollen
es netzt uns heilig mit gesparten ölen
ein weiheguß den wir nicht deuten wollen

nach   s t e f a n g e o r g e

Und–sehr ..

Ballade des äußeren Lebens

Und Kinder wachsen mit sehr weißen Zähnen,
Die dann so gelb doch werden wie die Primeln,
Und alle gehen wir uns müd, und gähnen.

Und grüne Pflaumen hangen in den Himmeln,
Die blau wie tote Schwalben niederschlagen
Und sehr bekümmert liegen, und verschimmeln.

Und immer weht der Wind in unsern Tagen,
Und immer reden wir sehr viele Worte,
Und selten solche, die uns selbst behagen.

Und Wege laufen sehr umher, und Orte
Sind da und dort, und auch bemerkenswerte,
Von dieser sehr und auch von jener Sorte:

Und Formen sind auch manchmal, sehr verehrte,
Und wo sie sich zu einer Wölbung fügen,
Da scheint sehr nah, was ferne sich verwehrte..

Allein wozu? Sehr flüchtig ist ihr Trügen
Und sehr belanglos dies gesehen haben,
Da wir uns selbst nur sehr und meistens rügen.

Was frommt dies Spiel uns früh gebleichten Knaben,
Die einsam wir und so verschieden sind
Und gern uns mit uns selber nur begaben?

Wie könnten wir an allem dem genesen?
Und dennoch sagt sehr viel, der »Pleite« sagt,
Ein Wort, daraus Tiefsinn und Trauer rinnt

Wie stille Tropfen aus den hohlen Käsen.

Nach   Hugo von Hofmannsthal

Am Brunnen

Fahl erhöhe zu gesprenkeltem Hochschuß
Morgenrötet das Steigrohr,
Krummausröhrend in bleigrauer Demut.
Schläfrig schleimig ranzt der Trog,
Moosbesaugt, schwärzlich brummend.
Fischblau strudelt das Erdblut,
Braun verqualmend
Zwischen grünen Giftküssen
Lila bröckelnder Moderkrumen.
Weiches Sonnengelb glimmt flüsternd
Auf dürr verzweifeltem Schmachten
Und silberner Tränennässe.
Goldblaurot röchelnde Perlen
Singen und lachen im Tropftod.
Ahnungslos heiße Schneesterne
Geigen Honig entgegen.
Weinrot schluchzt eine Gänseblume
Stahlkühl schweigt der Sickergrund.

Nach   Maximilian Dauthendey
(Erste Periode)

Im Dunkeln ist gut funkeln

        Hart hustet die Nacht.
        Alt starrt die Erde.
        Weich ist mein Herz.
Ich bin ein heißer Mensch, und funkle.

Ich möchte mein weiches Herz
In den eisigen Weltraum hängen,
Mein siedendes, funkelndes Herz,
Daß auch der Weltraum warm bekäme.

Nach   Maximilian Dauthendey

Taschenspieleraugen

    Einst lag ein Mensch vor dir.
    Aus seinen Augen flogen wunde Adler,
        Umklagten dich –
      Du gingst vorbei.

    Dann stand ein Mensch am Weg.
    Aus seinen Augen schwirrten Spatzenschwärme
        In schrillem Spott –
      Da bliebst du stehn.

    Ein dritter stieß dich an!
    Aus seinen Augen krochen krumme Spinnen,
        Bespieen dich –
      Den liebtest du.

Nach   Maximilian Dauthendey

Melancholie

Meine Augen sind voll Asche.
Meine Ohren hab' ich verloren.
        Arm und Bein
        Sind Gestein;
Auch die Sprache fällt mir nicht mehr ein,
Und die Gedanken werden leichenkälter –
        Man wird älter.

Nach   M a x i m i l i a n   D a u t h e n d e y

In der Bibliothek

Es kauern Herzen dort im Bücherspinde,
Verweint, verschwollen, dann in bleicher Weißglut
Des Leids gedorrt .. ach ja – ich wollte lesen!
Ich hol' mir so ein Herz. Es bricht und platzt
Hier auf dem Tisch – verstocktes und verstaubtes
Urväterblut verstreut sich auf die Plane,
Wie einer hundertjährigen Blutwurst Füllung,
Wie dunkelroter Schnupftabak. Die Luft
Wächst eng – ich ginge lieber. Doch da hockt
Ein gelbverschrumpfter alter Schmöker, bohrt
Pupillenleer mich an, und drosselt mich!
Er möchte, daß ich eine Träne träufle –
Und alle Kauerherzen in den Spinden,
Sie möchten, daß ich endlich Tränen träufle.

Nach   Maximilian Dauthendey

Das Gartenhaus

Motto:

Ist das nicht ein Gartenhans?
Schaut da nicht ein Mann heraus?
    Alte Volksweise.

Gerüche bauten uns ein Gartenhaus,
Dort wo man wusch die Leiche meiner Mutter,
Wo Winde funkeln, wo die Wellen nicken
Und Finken fiedeln unter reifen Sternen.
Mit tausend Kelchen riechen liebeschwer
Ringsum die Rosen sich, doch sehnend saugen
Sie ferneher den feiner'n Duft von dir
Und deiner Liebe – meine Hunde schnuppern
Entgegen, winseln, denn du tust zu wohl ..
Den furchtbar stummen Rater schloß ich ein,
Und gegenüber aus den Gitterkammern
Mit glüh'nden Augen glotzen mürbe Katzen –
Kein Dunst von ihrer Liebe soll den Duft
Der unsern und der Rosen stören. Komm'!

Nach   Maximilian Dauthendey

Im Spiegelturmgemach

Im grauen Schloß,
Umschlichen vom Glasglast
Der hohen Klause
Hinter den Schattenriegeln,
Über und unter den Spiegeln
Laß uns schweigend beharren
Und bis zum Grund der Schwindelgründe starren.

Sei nicht erschrocken
Von den Gedankenträumen –
Lasse dich locken
Von den getrunknen Räumen!
Ihr Stürzen ist Ragen –
Laß dich tragen
Und fallen
Von allen zu allen!

Aber denke der Tiefe nach!
Du mußt es spüren,
Wie sie dich führen
Dahin, wo keiner dich riefe,
Weil jeder schliefe –
Das ist die Tiefe.

Denk', o denke der Tiefe nach,
Denk' an die Schauerferne der Nähe –
Sieh, dann erhebt sich das Spiegelgemach,
Weib, und wir stiegen zur Höhe!
Denn dann ist es, wies damals war,
Als mein gesamtes Mobiliar
Erst mahnend gekracht,
Dann auf sich gemacht
Mit mir in die Nacht,
In die Höhen der Gründe,
Wo ich mein Schweigen verkünde.

Nach Wilhelm von Scholz

Schwüle Mädchenstunde

Jetzt ist mir alles einerlei –
Brünstig gellt mein Liebesschrei!

Ist keiner, der vor Tau und Tag
In meine Kammer kommen mag?

Oder der mich hole,
Bevor ich ungestillt verkohle??

Nach   Karl Maria

Unentschlossenheit

Nebel nässen überm Wasser,
Dennoch rudr' ich dich hinaus,
Und wir werden naß und nasser,
Doch die Sehnsucht bleibt uns aus.

Lautlos sitzen wir, verbittern:
Angst und Qual, doch keine Sucht –
Endlich rudr' ich dich mit Zittern
Rückwärts, rückwärts in die Bucht

Werden wir verrückt, Maria?

Nach   Hans Bethge

Der Verliebte

O du, du, du –

Du ... Butziwackel!!

Ich finde keinen anderen Ausdruck.

Nach   V e r s c h i e d e n e n

Genesung

Nein.
Es ist nichts.
Auch dies.
Auch dies –
Und dies.
Nichts . .
Gar nichts!
Verpaffter Rauch –
Rauch ..
Asche.

Eins nur – eins!
Du.
Dich.
Dich so sehen!
So! Ganz so!
Ja.

Und heute –
Heute ..
Da sah ich dich –
Dich ..
So –
Ganz so ..
Dich......
Oh!!

Und
Mein
Verstand
Stand
Still.
......
Still.
......
Ganz still.

Nach   Arno Holz

Vortrag

    Ich singe ihnen meine Lieder vor,
    Den Herzen aus Speckstein und Nagelfluh.

        Der Blüthnerflügel
        Vergießt Tränenströme,
        Mein Herz schluchzt mit,
        Das ganze Parkett wird naß.

Meine Stirn' bohrt sich in die Tasten,
    Ich schau' nicht um:
    Denn da hinten hocken
Lackierte Ölgötzen:
    Rauchtopasaugen,
    Iltiszähne,
    Igelohren,
Aber doppelknöpfige Handschuhe

        Ich spiele forte.
        Crescendo,
        Fortissimo –
        Sie müssen!

Zuletzt schrei' ich, spring' auf,
Würge, übergebe mich ..

        Da liegt's,
        Blutrotzuckend,
Ein laatschiger, quatschiger Matsch –
        M e i n H e r z !!

    – Ich lächle betreten.

Die Ölgötzen klatschen ein bißchen.

    Sie warten noch immer.

    Ich würge weiter –
    würge, würge ...
    'r a u s !!

Aber es kommt nichts mehr.

Nach   A r n o H o l z

Metamorphose

Einst
war meine Seele ein sanftes Ferkelchen.

Das
Packten sie,
Schoren ihm gierig die weißen Börstchen,
Stießen ihm mit dem Stiefelabsatz
Das rosige Schnuffelschnutchen blutig.

Sein jämmerliches Nuieckquieckquieck
Rührte sie nicht.

Meine Blutkrusten
Wurden Hornhäute;
Zur harten Stachelkröte wuchs ich
Mit dreißig strotzenden Giftdrüsen.

Nur näher getreten,
Herrschaften!
Alle beiß' ich euch in den Bauch!!

Denn das ist mir die liebste Stelle.

    Nach   R. W. Martens
       (Arno Holz-Schule)

Frühlingserwachen

Auf einem wippenden Wickenreis
Sitzt ein Distelfink,
Piepst.

Dicht an der wippenden Wicke
Trippelt nervös
Die horchende gold'ne Prinzeß ..

Wird gleich auch piepsen!

Denn der Frühling kommt.

      Nach   L u d w i g   R e i n h a r d
            (A r n o   H o l z - S c h u l e)

Rücksicht

    Mein kleines, blasses Schwesterchen
Sitzt auf ihrem weißen Töpfchen
        Mit dem blauen Blumenmuster,
    Und kuckt in eine grüne
        Bonbondüte.

    Sie ist sehr beschäftigt.

    Und ich will sie nicht stören.

Nach der   A r n o   H o l z - S c h u l e

Kontrollversammlung

Endlich wieder ein angenehmer Tag!
Herbstkontrollversammlung
Meiner fünfhundert Sehnsuchten.

Lauter Reservisten.
Ausgemergelte Fetische
Mit Augen von Glasperlen,
Altgebackene Engel
Mit frischgewaschenen Flügeln.

Einen nach dem andern
Laß' ich antreten,
Pack' ihn beim Schlawittchen,
Beutle ihn,
Nick' ihm noch einmal wohlwollend zu,
Und kragle ihn ab.

Nach der   A r n o   H o l z - S c h u l e

Dank!

Wenn aber mein Gehirn nachläßt,
    Dann nähren kleine Dinge
    Freundlich meinen Geist:
Ein Tintenklex auf meinem Federhalter,
    Ein hinterlaß'nes Fliegentüpfelchen
    Auf meiner Buttermilch.

        Dank, Klex!
        Dank, Tüpfelchen!
Ihr gebt mir wieder Gedanken.

Nach der   A r n o   H o l z - S c h u l e

Die Hoffnung

Meine Hoffnung
Ist ein altes, zusammengeklappertes,
Lustverludertes, runzelverledertes
Lumpenweib!
Tag und Nacht heult sie
Bei einer Talgpfunze
In ihre rostige Gießkanne,
Schlampt damit
Zum Kirchhofwinkel,
Und will ihre toten Bankerte
Tränken –

Als ob die noch Durst hätten
Nach Vettelgeflenn!

   Nach Georg Stolzenberg
    (Arno Holz-Schule)

Der Tote

      In meinem Grab
      Stinkt längst ein And'rer.

      Ich bin nur mehr
      Eine Nasenwurzel;
Durch meine Löcher scheint der Mond,
          Das tut weh,
      Noch mehr als der And're.

Wanderer, hast du keine Zigarette für mich?

– Wenn ich wenigstens noch niesen könnte!

Nach   R o b e r t   R e ß
    (A r n o H o l z - S c h u l e)

Die Versilberung

Mein Hirn ist draußen auf dem Meer
Im nassen Wind auf dem Segelschiff.
Wasser, Wasser.
Es planscht.

Ein Mummelgreis hinkt über die Gasse.
Er will zu mir.
Ich hör' ihn tapern auf der Stiege –
Möven hacken sich Futter
von seinem Scheitel.

        Es klopft. Er kommt.

        Ich schlottre im braunen Mantel.

        Er schüttelt mir die Hand.

        Ich nicke. Er hustet.

        Die Schiffsglocke bimmelt.

        Es regnet Platz in Südsüdwest.

Der Tapergreis quetscht meine Daumen,
      Einen nach dem andern,
Und horcht in mein Antlitz –
Sein Auge stochert in dem meinen,
    Und findet den Menschen nicht –

    Ein fauler Fisch
      Hebt schleimigblau
  Sein Moderhaupt aus dem Schlamm –
Die Möven kreischen durchs Gemach
Und suchen Futter auch auf m e i n e m Scheitel ...

– Als ich erwachte, seufzte tief das Meer
Und stierte nach dem Mond. Bei mir im Boot
     Saß bockstarrsteif der Tapergreis,
    Doch silbern jetzt, mit einem Silberhelm
    Auf seinem Haupt – der Möven wegen?

Ich griff nach ihm, und griff in leere Luft ..
    Doch hatt' es abgefärbt,
Denn meine Hand, sie war versilbert
    Wie eine Weihnachtsflitternuß.
Ich sprach: Du bist so silberkalt,
In Silberadern rinnt dein Silberblut
Und keiner Möve gibst du Nahrung mehr –
    Im Silbermondlicht wohnst du hier,
Du Silberner, und hast nichts, hoffst nichts, willst nichts,
    Als nur dein Silber!

Er sprach: Du bist so schauderhaft.
    So göttlich scheußlich und abscheulich,
    Ganz ekliche Geburtswehn nur – dein Antlitz
Zerschmettert und verkohlt von Gier und Wahnsinn –
    Du wohnst in Abendlandschaft, überschüttet
    Von schmutzigem Schotter und von Riesenspinnen,
    Von Regenwürmern und von Kellerasseln –

Du bist verrückt, du Göttlicher – du l e b s t !
V e r s i l b e r t mußt du werden!

– Und zärtlich ward der Greisgeist, fiel mir jäh
Auf meine Brust, und färbte mir die Nase
Mit Silberküssen, und ich fühlte hart
Den Silberhelm die Stirne mir halbieren.

Nach   Alfred Mombert

Schmerzen

(Aus dem Buche »Sehet die Schmerzen, die uns drücken!«)

∽ ∽

Bin ich nicht Mensch?

∽ ∽ ∽ ∽

Bin ich nicht Tier??

∽ ∽ ∽ ∽ ∽ ∽

Bin ich nicht, was ich bin???

∽ ∽ ∽ ∽

O Urwald!

∽ ∽ ∽

O Kulturwald!

Au, au! meine Hühneraugen ∽

∽ ∽ ∽

∽

      Nach   Ernst Schur

Wenn

wenn jetzt auf diesem Stuhl die Frau säße, die ich
lieben k ö n n t e – – – – – – – –
– – – – – – – – – –
– – – – – – – – – –

Wenn jetzt auf diesem Stuhl die Frau säße, die ich
l i e b e – – – – – – – – –
– – – – – – – – – –
– – – – – – – – – –

Wenn jetzt auf diesem Stuhl – – – – – –
– – – – – – – – – –

– – – – – – – – – –
– – – – – – – – – – – – – – – – – – – !

      Nach   E r n s t S c h u r

Beelzebub

Früh haben sich meine Süchte
  Der Sünde zugewandt –
Es wühlte in meinen Blüten
  Unsauberer Höllenbrand!

Meine Liebe ist vergiftet
  Von wüster Liederlichkeit –
Meine großen schamlosen Augen
  Flackern lasterbereit!

Ach, meine junge, ruhlos
  Lauernde Seele weint,
Es rufen die lechzenden Lippen
  Noch immer Freund und Freund . .

Zuletzt kommt einer gegangen,
  Der lächelt zu meinem Schrei,
Und reißt mir mit kühlen Händen
  Das heiße Hemd entzwei!

Der stillt mein verschmachtendes Bangen
  Den greif' ich, wie nie ich mich hub,
In jauchzendem Lustverlangen:
  Denn der heißt B e e l z e b u b !

Nach   D o l o r o s a (Maria Eichhorn)

Der bedauernswerte Sklave

Wie ist mein zuckendes Herz entbrannt
Nach dir, du Sklave von Samarkand!

Die Sonne lodert wie Glück und Grimm –
Ich bin dir gut, ich bin dir schlimm!

Komm' mit, komm' mit in mein weißes Haus,
Dort soll dich entzücken der Liebe Graus!

Ich fletsche dir blutig den blassen Mund –
Was, schweigst du noch i m m e r ? Nieder, du Hund!

Ich trete dich, trete dich windelweich –
»Auh!« – Striemen peitsch' ich dir, Streich um Streich!

Oh, tut das wohl .. »Auauh!« – Oh sein!
O Glück .. er blutet schon wie ein Schwein!

Noch einen Hieb! hat er s c h ö n gebrannt??
»Auweh!!« – Ach, S ü ß e r von Samarkand!!

Nach   M a r i e   M a d e l e i n e

Liebeslied

Du fleischernes Stücklein Welt,
Umhemdeter Happen von erdenem Binnenglück –
Umrinnt Blut durch dich,
Auszweigend in Arm, Becken, Bein,
Auslohend in Ohr!
Aug' äst Straßenstrang, Weizen und Wald,
Wimpern erwanken im Lichtwind –
Entlang meinen leisen Gestaden
Hinnüsternd zackt Nase,
Mund birst gehälftet rotbronzen breitauf!
Steil staunt meine Stirn,
Hirn heult Jubel –
Ob mir erspringt Wand und Gewölk!
Ermenschest du mich,
Blutknospe du im Erkelchen?
Weltenes Stücklein Fleisch,
Saftdauern sollst du mir –
Rauch reckt mein Brand nach dir,
Rauchsanft will ich dich s e l c h e n !

    Nach   Ernst Lissauer

Jüxender Jux im Styx

Seltsame Sterne sah ich glänzen,
Gußeisenfarbne mit Sehnsuchtsschwänzen –
   O mein Hyazinthentraum!
    Vom Erkenntnisbaum
   Kicherte spottgut die Blüte,
    Weil ich verglühte;
Mondvater meckert' im Vollbackenschein ..
   Da fiel es mir ein:

Gramjahrzehnte zuckte ich hin,
Schnurrte zurück und starb zurück,
    Jubellahm
   Im Blütenkeusch
Am zitternden Maientag,
   Im Weltgeräusch
    Ohne Lied,
   Jedes Glied
Eine irrgewordene Lilie
   Aus guter Familie!
   Aber nun kam,
Was in wiegenden Trösten mich tragen mag!
   Die Syrinx lacht –
  Es kracht durch die Nacht
   Mein Geschrei
  Wie brüllende Ozeane!
Du Satan aller Satane,
   Herbei!
  Schaukle mich frei
  Auf dem Ätherei,
Preß' mich an deine brandige Brust –
   Du m u ß t!
Mein Leben saust nach allen Seiten –
Wie süßer Südwind weht aus den Weiten
   Der betäubende Duft
Von deinem sündigen Munde ..
   Die Stunde

Ruft!
Komm zu mir her,
Du mit der flatternden Lippen Begehr,
Du mit dem zackigen Augenbrau,
   Hol' dir die Frau!
Komm'! ich bin nicht mehr töricht –
   Komm' ins Geröhricht!
    Wo die Faunsaugen grinsen,
     Binden wir uns mit Binsen
       Aneinander,
    Mein Alexander!
Will nimmer entfliehen meinwärts –
Du Auswärts werde mein Einwärts!
Laß mich nicht heiß erfrieren
In meinen Urwaldgieren –
An deinen Zeusbart knüpf' ich mich an,
     Mann!
Meine Seele knurrt wie ein hungriger Hund –
   Tritt sie gesund!
   Liebe mich endlos
   Und sakramentlos!
Meine Arme umlodern dich –
   Mit Flammenstich
  Dolchen auf dich meine Brüste!
   All' meine bösen Lüste,
   Rote Wildkatzen,
   Springen aus mir
   Mit Krallentatzen
    Und beißen nach dir!
Meine Dürste mit Wutkraftglut
Egeln sich ein in dein girrendes Blut ..
  Soll ich ersticken im Feuerdunst?
  Lösch' meine Feuersbrunst
    Mitten im Styx –
     Jüx!!

Nach   Else Lasker-Schüler

Dichters Aufstieg

      Finsteres Gestrüpp von Därmen
      Labyrinth von Schimmelwald
    Rasenden Geschwüren Mittelpunkt
   Zu knospener Schlingung facht sich auf!
       von rosenem Flaum betan
   Wiehernd er tanzt mit lichten Pferden
       Zu Flöte süßestem Spiel,
Selig-gleitend er Gott fängt ein und Sternen-Raum!

        Töst Gewitter
     Stinkicht aufquillt Gewalt!
      Borstig-jäh Patriarch
      Gabel stößt in Salat,
      Schiebt an Faust:
    Gestauter Welt den Zünder
  Ab er stürzt in Spülichtschlamm!

Aus geschwollener Pferdkindaugen Köcher
   Spritzeln Tränen auf Nägel zerkaute ..

- - -

    Aber Höll Tumult zerfaucht,
      Gestirn enttaucht,
       Sonne platzt –
  An Fenster Frühjahrsregen kratzt!
    Geysirs blühen Blut ..
       O, gut!!
Sich das Aug ein Periskop rundschraubt,
Ausstück ausgeleiertes nimmer glaubt!
Denn –! die Menschheit ist verrückt,
Längs und quer – und! – mittendurch zerstückt!
Bogenes Streicheln schwül spült an –
Blickgriff grast von Mädchen in Straßenbahn!
Mystisch Kurven Parabeln Hyperbeln Gefug!
Übertriefend er schmilzt vor solcher Bug,

Klamm geleimt an trübes Geklett ..
Schnurrbart spritzt rechts und links gleich Bajonett!
Mary! Café der Topf, aus dem lächelnd sie sprießt!
Nacht zerrauscht an ihr. Mondschwamm fließt.
Sterne purzeln tönend in Schoßes Schacht ..
Grandioses Vieh!! Und ich!! Haßpestgeheul er lacht.
– Der Engel ihm dann vom Zigarettenladen.
Franziska! Basalten stoßen deren Waden.
Solid – o Eiter, tief! – von Bürgerbausch umringt ..
Von Reisauflauf ein Ruch ihn ganz bedringt.
Jungfrau von Orléans unsere!! Überzückt ...
Ein Akquisiteur wälzt stumpfen Bauch an, pflückt!

Aufkreischt Zerbeulter. Rückflüchtet er.
Schnurrbart seiner spritzt rechts und links nicht mehr.
Zerschmeißt er des Geschlechtes Sklaverei –
Balanzierend faltet die Kerker entzwei!
Das Gestirn er senkt in aufgestemmte Brust,
Ab er hobelt verkohlten Leibes Krust!
Entreinigend, Dichter, du dich scheuerst,
Heros von Europa! ungeheuerst!!
Riesenhorn du – Plakat! – durchstichst Finsternis,
Rings Völker brausen in nächstes Paradies!
Ja –! deß Gesang die Massenlöcher schürt,
Erkennet ihn groß! ihn – Geist!! – es ihm g e b ü h r t !

Nach   J o h a n n e s   B e c h e r

Mondnacht

Mondnacht, du silberflietschiger Kitsch –
   Ich bin alkoholisch erregt ..
      O verflucht!
Und der Stiefel des ewigen Juden knarrt fortwährend
da vor mir,
         Quarr-quietsch, quarr-quietsch!

Der Mond rundwund verwest
   Wie gespieene Milch,
     Girrgirr bischt ..
      O verflucht!
Und der Stiefel des ewigen Juden knarrt fortwährend
da vor mir,
         Quarr-quietsch, quarr-quietsch!

   Ich fistle in ursachenlosen Träumen,
     Jihi diridih!
  Doch die Irrenanstalt schnarcht traumlos,
Und der Stiefel des ewigen Juden knarrt fortwährend
da vor mir,
         Quarr-quietsch – o verflucht!!

   Brücken wackeln mit ihren Buckeln,
    Laternen nicken und knicken,
     Klirrklick klagerack ..
      O verflucht!
Und der Stiefel des ewigen Juden –
      – H i c k !

Mein Blick
Fängt ein besoffenes Vieh –
Diridih!
Das kotzt Bier:
Hu-ah gurrgurrgurr
Bischt – platsch!

Ich gehe, hitsch, hatsch –
Und der Stiefel des ewigen Juden – Hack!

So 'n Pack!
Auf der Terrasse
Überm verwesten Milchkanal
Sitzt Fischamsofa,[2] meine Geliebte..
Unter taumelnden Sterntrapezen
Frißt sie Bretzen
Und säuft Sekt
Ganz verrucht –
O verreckt,
O verflucht,
Schluck auf Schluck –
Huck!!

Und zwanzig Onkels sind bei ihr,
Patschen ihre milchig verwesten
Mondkniee, die wundrunden ..
Pitsch patsch,
Pitschel patsch,
Pitschi pitschi patschelpatsch!
Olga Fischamsofa,
Lasest du Casanova?

Schunkelst du mit den Schenkeln?
Munkelst du mit den Önkeln??
Hick! Hack! Huck! H e c k !!
O verflucht –
Jetzt lieg' ich im D r e c k !!
Und der Stiefel des ewigen Juden vollführt auf meinem
Nabel einen Niggertanz.

    Nach   G e o r g e G r o s z

---

[2] Oder heißt sie Nischanova? Ich weiß es nicht mehr genau.

Das Nordmordlicht

Nun will ich den Gehalt zusammenklammern,
Urrundwucht wickelt jetzt Euch aus den Wicken –
Morastig angelackt an Lasterkammern
Entwetz' ich mich zu Weltenwohlgeschicken!

Ich war im Heu Geheule meiner Fäule,
Doch glastet schon die Pfahlbaupfingstenpfunzel,
Daß ich feilgeile Gäule nun zerkeule
Und mein Kaumtraumbaum sich in mir verrunzel'!

Die Herzreimleiern kappt Kunzkunst so bitter,
Vernunftverdumpfter Wichte Knacksgeknaster –
Aus Schmerzschleimschleiern wabbt Brunstdunstgewitter,
Keilt den Koloßklotzklops aufs Wackelpflaster!

Ra, Ra, Fatum, furchtbares Flammenentstammen,
Dein Finger jetzt verpriestert das Empfundne –
Trarah-Darum, lurchbares Mammenwammen,
Nicht mehr verbiesterst Du das Rhythmischverbundne!

Ihr Augenzwinkerhaufen, Nackenmauer,
Spinndick bespickt mit gelben Giftfurunkeln,
wie schwül ich Euch umschwirr auf Zunderlauer,
Verrät ein Schrumpfruck – Schnuppen fühlt Ihr funkeln!

Ihr Sündermünder, ekle Morchelohren,
Ihr Unzuchtzähne trüber Fieberbiber,
Ihr Spuk von Speichel vor den Höllentoren,
Nun würgt den Froschfrohgang ein Erdverschieber!

Du Schlenderschleudern der Geschlechtsgefechte,
Verkrampft zum Satansplastiksteinsymbole –
Aus Deinem Thau der Techtelmechtelnächte
Bleichblicke blinzeln, tiefe, schrecklich hohle!

Ihr Katzenklumpen und Ihr Riesenschweine,
In Blumungsgluthen sollt Ihr Euch verbuntern –
Ich sammle Euch, zerstreute Menschenbeine,
Ob hundert Flundern sich in Flandern wundern!

Mit Angstschweiß, Sphinxe, sollt Ihr Euch befeuchten!
Keuchst Du, Kaukasier, schmarotzerroter?
Ins Tropfsteinloch die Kletterblitze leuchten –
Fluchtsucht des Fleisches, und Tumulte Todter!

Ich, der vom Weib sich gänzlich ausgespalten,
Handpalmen schäl' ich aus Manschettenschaften
Und fächle Euch mit Feuerfauchgewalten,
Ich Nordlichturgeist! mögt Ihr mich verkraften!

Nach   Theodor Däubler

Das Oadelwoatz

    O Berg – euch liab' ich allezoat,
    Ja selbscht im Winta, wenn es schnoat!
    Ich grüaß' den roanen Sunnenschoan,
    Und stoag' ins stoale G'wand hinoan:
    Da wer'n miar wohl die Woadel hoaß,
    Doch grüaßt mich z'letzt oan Oadelwoaß,
        Oan Oadelwoaß!

    O Liad, gediachtet still dahoam,
    Wie g'froat von diar mich jeda Roam!
    Jetzt kling' von Berg zu Bergen woat,
    Zum Proas der Alpenherrlichkoat!
    Und singt dich d'Senn'rin hoch am Oas,
    Dann bist auch du oan Oadelwoaß,
        Oan Oadelwoaß!

    Nach einer   »oberbairischen« Dialektdichterin

Gedichte in Prosa.
Nach Paul Scheerbart

Der Schädel

Ein kahler Schädel kreiste um die Sonne, die große bleiche
Totensonne.

Und der Schädel träumte von seinen Gliedern, die doch
d a z u gehörten und auf der großen bleichen Totensonne
stehen müßten ...

Aber es war nur ein Traum. Der kahle Schädel kreiste
zwanzig Millionen Meilen von der großen bleichen Totensonne,
und zwischen ihm und ihr war leerer, leerer Raum.

Und der Traum des Schädels steigerte sich, bis aus dem
Traum ein Gedanke wurde.

Und der Gedanke war, daß die Totensonne tot wäre, und
daß er, der kahle Schädel, kahl sei ...

Da schloß der kahle Schädel die Augen, denn nun war
es ihm einerlei.

Ein kahler Schädel kreist um die Sonne: ohne Träume
und ohne Gedanken

Der Weise

Ein Weiser konnte sich nicht wundern. Aber er hatte einen Bart.

Darum riß er sich langsam seinen Bart aus, seinen schönen
weißen Bart.

Da wunderte sich der Weise zum ersten Male, weil es wehe tat.

Aber nun hatte er keinen Bart mehr. Und das war das Schlimmste.

Marvilljuse

Andante con moto

Die lange, breite, moosgrünseidene Schleppe schlürft langsam
über den Sand.

Die Schleppe gehört der Prinzessin Marvilljuse. Der Sand
aber ist mattweiß, denn er ist der salzige Niederschlag von
den Tränen ihrer unglücklichen Verehrer.

Alle Verehrer der Prinzessin Marvilljuse sind verduftet: bis auf den mattweißen Salzsand ihrer unglücklichen Tränen. Prinzessin Marvilljuse aber gefällt sich darin, über das weiße Salzfeld hin ihre lange, breite, moos-grünseidene
Schleppe zu schleifen. Denn sie langweilt sich jetzt.

Kokettierend hebt sie, weitausschreitend, die moosgrünseidene
Schleppe von den blaßrosabestrumpften Knöcheln.
Spricht keiner mehr ein kühnes Wort? Na?

Aber der mattweiße Tränensand bleibt stumm: stumm und sehr trocken.

Immer koketter bewegt sich die Prinzessin, immer weiter
schreitet sie in das Tränensalzfeld hinein.

Da weicht mit einem Mal der Boden unter ihren Füßen.
Sie ist in die tiefste Stelle des Salzfeldes geraten: dorthin,
wo die siebenundsechzig deutschen Jünglinge sich ausweinen.
Prinzessin Marvilljuse versinkt. Nur die Pfauenfeder
auf ihrem Barette, nur noch diese dünne, blaugrüngelbrotgoldene
Pfauenfeder winkt aus dem mattweißen
Salzsand wie ein Unkraut, winkt und winkt immer schneller ..

Na? Na?

Die Tat

Inkarnat

In seiner schwarzen Höhle lag der schwarze Lindwurm
Und es war schwarze Nacht um ihn.

Aber es kam der Held, in schwarzer Rüstung und schwarzem
Visier, daß er den schwarzen Lindwurm beschliche.

Mit geschwärztem Schwerte trat er in die schwarze Nacht
der schwarzen Höhle.

Und es grauete ihm vor der großen Schwärze, daß er den Arm nicht heben konnte.

Aber der schwarze Lindwurm hatte Halsschmerzen.
Daher
öffnete er den schwarzen Rachen, und fauchte.

Da sah der Held die langen weißen Zähne leuchten –
und stieß dem Lindwurm aufatmend das Schwert ins Herz!

Da wurde alles r o t ...

Heisa!
Ein Tanzlied

Unter dem gelben Tische der Weltgeschichte tanzt alles, was unter den Tisch gefallen ist.

Oben hockt die dicke, giftige, rotbepustelte Kröte und lacht
mit hopsenden Backen über das Humpenvolk da drunten,
und je giftiger sie lacht, desto violetter glühen die Pusteln.
»Ihr Narren!« pustet die bepustelte Kröte, »ihr Tröpfe!
Betrunken seid ihr – nur darum seid ihr unter den Tisch
gefallen!«

»Natürlich sind wir betrunken!« jubeln die drunten,
»natürlich! Tanzten wir sonst?«

Und alles, was unter den Tisch gefallen ist, tanzt wilder und wilder, bis der gelbe Tisch der Weltgeschichte wackelt,
bis er stürzt, und die pustelige Kröte rücklings zur Erde purzelt, so daß man ihren bläulichweißen Bauch sehen kann ..

Da ist es natürlich mit ihr vorbei, denn sie gehört zum Geschlecht der faulen Fische.

Die Andern aber tanzen weiter und weiter, über ihren Kadaver und über die Trümmer des gelben Tisches hinweg, träumend von dem grünen Tische der Hoffnung,
unter den sie nicht zu fallen brauchen.

Der Staub

Eine Meditation

Es staubte.

Denn er glaubte.

Er glaubte, daß es staubte.

Nur weil er glaubte, daß es staubte, darum staubte es.

Und eines Tages glaubte er n i c h t mehr, daß es staubte.

Da staubte es nicht mehr.

Aber da glaubte er auch nicht mehr.

Enttäuschung

Ein Trauerspiel

Tralala! rief der mächtige Zauberer.

Trululu! rief die mächtige Zauberin.

Sie konnten sich beide nichts anhaben.

Darum heirateten sie sich.

Nun riefen sie beide: Traulaulau! traulaulau!

Aber das hatte nicht die geringste Wirkung mehr.

Die Entdeckung

Ein Seelenstand

Von einem guten Schüler H e r m a n n B a h r 's

> Langsam schlenderte er, ganz langsam. Beinahe langweilig.
> Schritt um Schritt querauswerfend, links, rechts,
> und wieder rechts. Und um die Ecke, und wieder zurück.
> Ganz langsam.
>
> Wie gesagt: beinahe langweilig.
>
> Die Maximiliansstraße hinauf, und wieder zum Hofgartentor.
> Und wieder, und dann zurück, und wieder zurück.
> – Aber endlich, vor dem Tor, die Schritte zusammenwerfend,
> querein, hielt er an, sah hinauf und hinunter, hinunter und hinauf, und wieder, lange. Und dann streckte er sich,
> und gähnte.
>
> Gähnte.
>
> Gähnte schwelgend, langausarbeitend, mit Behagen, beinahe.
>
> Und da kam etwas Reinigendes, Zufriedenstellendes.
> Erst nur wie Ungeduld, und so unbestimmt.
> Aber doch etwas.

Etwas wie Ärger, daß er mit plötzlichem Antrieb die Halbschuhe scheuern ließ, rasch und rascher, wieder queraus.

Aber dann blieb er dennoch stehen. Denn jetzt wußte er es immer deutlicher.

Das heißt: es wollte kommen. Es keimte herauf, mit ersten weißgrünen Hoffnungsspitzen, durch die schweren
Schollen seiner Empfindung, zerbröckelnd, siegreich.

Es war ein Wunsch, ja. Ein Verlangen, beinahe.

Und da war es wieder, wahrhaftig!

Und wuchs immer höher.

Höher.

Leider. Denn es war ihm noch nicht klar.

Und doch war es etwas. Und schon da, beängstigend, beinahe.

Und er wußte noch immer nichts.

Nichts, ganz unzweifelhaft.

Und es sollte doch sein! Er sollte ja doch ringen darnach,
ehrlich, lebhaft, beinahe.

Das wußte er, freilich. Nun ja. Und endlich mußte es doch klar werden. Dennoch.

Es kam ja nur auf i h n an. Er brauchte ja nur zu warten.
Und er wartete ja bereits, ohnedies.

Sonst konnte es nicht kommen. Woher denn sonst?

Vielleicht redete er es sich eben nur ein, das Ganze.

Vielleicht nur vom Gähnen. Es war so unvermutet gekommen.
Eine Störung, Medizinisches, Zirkulation, oder
dergleichen.

Oder Liebe? Eine Kokotte?

Nein. Er mußte lächeln. Die Lederwangen zurück,
schlaff,
quappelig, runzelnd, wie die Hautringe einer
Griessuppe,
und die Zähne vor, grellweiß ans Tageslicht.

Eingesetzt, natürlich. Schon lange.

Oder Hunger, vielleicht?

Er lächelte wieder, lachte, beinahe. Davon kam er ja.

Er konnte sich erinnern. Der Kellner, und fünf Mark
hatte es gemacht. Ein Knopf war abgesprungen, von
dem Frack, ganz oben, und er hatte ihn aufgezogen,
zum
Nachtisch, unbarmherzig, und kein Trinkgeld obendrein.
Das wußte er also doch. Und genau.

Aber was? Es blieb doch seltsam.

Hin und her, bohrend, ohne Beschwichtigung, wie Geburtswehen,
beinahe, und immer seltsamer.

Als sollte etwas Ganzes dabei herauskommen – ganz etwas Ganzes.

Wenn er nur einmal das Gefühl hatte, auf der Zunge, namentlich, dann konnte es ja wohl herauskommen. Denn
dann kam wohl auch schon der Begriff.

Auf der Zunge, ja. Das Gefühl, und auf der Zunge mußte es kommen. Auf weichen, träumerisch himmelblauen
Fittichen der Erfüllung. So mußte es kommen, wahrhaftig!

Experimentieren, also.

Und er durchschmeckte, durchspürte, durchstöberte, durchstocherte,
durchschnupperte sich, selber sich selbst, peinlichst,
ob er nichts entdecke, in tausend qualvollen Reizungen,
mit hochgezwungenen Brauen, vorgedrücktem Rückgrat und
eingekniffenen Hüften, gekrampft, beinahe.

Aber da kam es, allmählich.

Allmählich.

Aber sicher.

Beseligend.

Erlösend.

Berauschend, wie seiner Duft ...

Nein – die Z u n g e !

Die Zunge mußte er festhalten. Nur keine Zersplitte-
rung,
jetzt.

Zwar, allerdings, es schien etwas wie Geruch dabei,
neben dem Geschmack.

Aber festhalten, und standhaft! Die Zunge! nur die
Zunge.

Und er klemmte sie zwischen die falschen Zähne, daß
sie
festlag, leiszitternd, in keuchender Erwartung, mit ah-
nenden
Poren und gereckten, tastenden Wärzchen.

Wenn er nur die Spur nicht verlor!

Wenn er nur nicht ermüdete, wenigstens!

Da!

Der Hohn, der Sieg! Immer deutlicher.

Der Form nach walzig, heranrollend, näher und näher
– braun, schmutzigbraun, lechzend, verzückt, ermattet,
verröchelnd,
verstöhnend, mit einem Stich ins Aschgraue, aber
nur ganz leise.

Aber waren das nicht die Augen? Die Z u n g e ? Ja so.
Also.

Und er schloß die Lider, schwer herab, wie lackierte
und
verschworene Jalousieen, aber kräftig, mit Entschluß.

Die Zunge! Nur die Zunge.

Das war es.

Und da kam es, von der anderen Seite.

Von der richtigen.

Auf der Zunge, ganz nur. Untadelhaft.
Typisch, beinahe.

Tropenarom, kraftbrenzelnd, und doch knospenhaft zärtlich
und mild wie ein junger Ruß ...

M a n i l a !

Ja.

Da warf er die Lider zurück, gierheulend wie ein hungriges
Raubtier, endlich über der Beute, und stürzte den
Blick herum, und erhaschte ein Ladenfenster, und riß die
Tür' auf, schmetternd, und durchwühlte den Vorrat mit
bebenden Fingern, und, abgeschnitten, angebrannt, hinaus
und fort, saugend, jauchzend, pustend, in kurzen, wilden
Bissen, gehässig, beinahe. Und immer fort.

Ja, das war es.

Und nicht einmal bezahlt, nämlich!

Vergessen, in der Eile. Gleichviel.

Aber das war es.

Über tredition

Eigenes Buch veröffentlichen

tredition wurde 2006 in Hamburg gegründet und hat seither mehrere tausend Buchtitel veröffentlicht. Autoren veröffentlichen in wenigen leichten Schritten gedruckte Bücher, e-Books und audio-Books. tredition hat das Ziel, die beste und fairste Veröffentlichungsmöglichkeit für Autoren zu bieten.

tredition wurde mit der Erkenntnis gegründet, dass nur etwa jedes 200. bei Verlagen eingereichte Manuskript veröffentlicht wird. Dabei hat jedes Buch seinen Markt, also seine Leser. tredition sorgt dafür, dass für jedes Buch die Leserschaft auch erreicht wird.

Im einzigartigen Literatur-Netzwerk von tredition bieten zahlreiche Literatur-Partner (das sind Lektoren, Übersetzer, Hörbuchsprecher und Illustratoren) ihre Dienstleistung an, um Manuskripte zu verbessern oder die Vielfalt zu erhöhen. Autoren vereinbaren direkt mit den Literatur-Partnern die Konditionen ihrer Zusammenarbeit und partizipieren gemeinsam am Erfolg des Buches.

Das gesamte Verlagsprogramm von tredition ist bei allen stationären Buchhandlungen und Online-Buchhändlern wie z. B. Amazon erhältlich. e-Books stehen bei den führenden Online-Portalen (z. B. iBookstore von Apple oder Kindle von Amazon) zum Verkauf.

Einfach leicht ein Buch veröffentlichen: **www.tredition.de**

Eigene Buchreihe oder eigenen Verlag gründen

Seit 2009 bietet tredition sein Verlagskonzept auch als sogenanntes "White-Label" an. Das bedeutet, dass andere Unternehmen, Institutionen und Personen risikofrei und unkompliziert selbst zum Herausgeber von Büchern und Buchreihen unter eigener Marke werden können. tredition übernimmt dabei das komplette Herstellungs- und Distributionsrisiko.

Zahlreiche Zeitschriften-, Zeitungs- und Buchverlage, Universitäten, Forschungseinrichtungen u.v.m. nutzen diese Dienstleistung von tredition, um unter eigener Marke ohne Risiko Bücher zu verlegen.

Alle Informationen im Internet: **www.tredition.de/fuer-verlage**

tredition wurde mit mehreren Innovationspreisen ausgezeichnet, u. a. mit dem Webfuture Award und dem Innovationspreis der Buch Digitale.

tredition ist Mitglied im Börsenverein des Deutschen Buchhandels.

Dieses Werk elektronisch lesen

Dieses Werk ist Teil der Gutenberg-DE Edition DVD. Diese enthält das komplette Archiv des Projekt Gutenberg-DE. Die DVD ist im Internet erhältlich auf **http://gutenbergshop.abc.de**